Jost Müller-Bohn

Von ihm getröstet

»Der hat noch immer Trost gefunden,
der ihn zu suchen war bereit« (Julius Hammer)

Einmalige Sonderauflage
für die
Rufer Versandbuchhandlung
Essen
Bestell-Nr. 099-4033

Umschlagbild: Foto F. Bormann, Sonnenuntergang; Seite 3: Foto Lauterwasser, Sonnenblume; Seite 7: Foto F. Bormann, Altes Stadttor in Lindenfels (Odenwald); Seite 11: Foto H. Schult, Gedeckte Holzbrücke bei Teningen; Seite 15: Foto H. Müller-Brunke, Strandpartie Flensburger Förde; Seite 19: Foto M. Burkhardt, Am Herbstfeuer; Seite 23: Foto H. Schrempp/Kinkelin, Dorngrasmücke; Seite 27: Foto Robert Holder, Gomadingen, Schwäb. Alb; Seite 31: Foto H. Müller-Brunke, Dänemark – Torupstrand (Jütland); Seite 35: Foto H. Schlegel, Im Wolfachtal; Seite 39: Foto A. Tölle, Bäuerin in Mühlenbach; Seite 43: Foto roebild, Sonnenuntergang am Chiemsee; Seite 47: Foto H. Schult, Schwarzwaldstimmung; Seite 51: Foto F. Bormann, Pusteblume vor der Sonne; Seite 55: Foto J. Kinkelin/Otto Pfenninger, Am Sustenpaß; Seite 59: Foto R. Häusser, Bernau/Schwarzwald; Seite 63: Foto roebild, Herbststimmung am See; Seite 67: Foto H. Müller-Brunke, Niedersächsische Windmühle in Ostfriesland; Seite 71: Foto H. Müller-Brunke, Brunnen vor einem Chiemgauer Hof

ISBN 3 501 00605 5

Gesamtherstellung:
St.-Johannis-Druckerei C. Schweickhardt, 7630 Lahr-Dinglingen
Printed in Germany 18499/1981

Um Trost war mir sehr bange

Wir alle sind irgendwann einmal trostbedürftig. Unsere Lage erscheint uns aussichtslos, wir sind verzweifelt, unser Zustand ist hoffnungslos. Wir meinen, festgebunden zu sein wie in einem unsichtbaren Gefängnis. Doch plötzlich dringt in diese große Ausweglosigkeit ein Lichtstrahl göttlichen Trostes.

Es gibt Situationen im Leben, aus denen heraus kein Mensch helfen kann. Dann bleibt nur der Trost, den wir von Gott zugesprochen bekommen. König Hiskia, ein Mann Gottes, wird sterbenskrank und kommt in eine große innere Verzweiflung. Der Prophet Jesaja wird mit dem Auftrag zum König gesandt, ihm seinen baldigen Tod anzukündigen:

»Bestelle dein Haus, denn du wirst sterben und nicht lebendig bleiben!« Rückblickend schildert er seine verzweifelte Lage: »Ich meinte, in der Mitte meiner Tage muß ich abscheiden und zu den Pforten des Totenreiches hinuntergehen. Der Rest meines Lebens ist dahin. – Ich rief zu dir, daß ich bis zum Morgen leben möchte – ich klagte wie eine Schwalbe oder eine Drossel und girrte wie eine Taube. Meine Augen schauten schlaflos nach oben; ich war in großer Not.«

Wer ist nicht schon in ähnliche Verzweiflung geraten? Haben wir nicht alle schon einmal schlaflos in unseren Betten gelegen und vor uns hingeklagt? Heutzutage sind notleidende Menschen mitunter monatelang oder jahrelang von Schlaflosigkeit gepeinigt. Unbewältigte Vergangenheit, unverständliche Schicksalsschläge, Lieblosigkeit und Untreue der Menschen untereinander macht Unzählige sterbenskrank. In wieviel Nächten wälzen sich Angstgepeinigte auf ihrer Lagerstatt hin und her, von Schwermut und Selbstmordgedanken in Besitz genommen. Da gibt es keinen, der helfen könnte. Kein Trost von Menschenmund erreicht ihre verzweifelten Seelen. Die nächsten Verwandten und Bekannten bleiben ohnmächtig in ihren Bemühungen. Wer ist in der Lage, sich hineinzuversetzen in einen solchen Zustand, um eine grundlegende Veränderung herbeiführen zu können? Bei wem kann sich einer ausklagen, seine Not offenbaren? König Hiskia lebt nicht als Einsamer. Er ist umgeben von Ärzten und Ratgebern. Und doch äußert er seine große Verzweiflung: »Siehe, um Trost war mir sehr bange!«

Keine Zufluchtsstätte in dieser trostlosen Situation? Scheinbar auch von Gott und der himmlischen Welt verlassen, sieht er nur das dunkle Grab. Hiskia war kein Gottloser, im Gegenteil, wir können von ihm im Buch der Könige lesen: »Er vertraute dem Herrn, dem Gott Israels, daß nach ihm seinesgleichen keiner unter allen Königen Judas noch vor ihm gewesen. Er hing dem Herrn an und wich nicht von ihm ab und hielt seine Gebote . . .« (2. Kön. 18, 5. 6).

Kann man es fassen, daß ein Mann Gottes, einer, der sich treu an die Gebote Gottes hält, in diese verzweifelte Lage gerät? Können Kinder Gottes in gleiche Situationen kommen, daß sie ausrufen müssen: »Siehe, um Trost war mir sehr bange!«?

Der Weg zu Gottes Herrlichkeit ist nicht nur und immer ein fröhliches Wandern im Sonnenschein. Es brausen für alle auch Stürme der Trübsal. Der Apostel Paulus berichtet von einem Tiefpunkt während seiner umfangreichen Missionstätigkeit: »Wir wollen euch, liebe Brüder, nicht in Unkenntnis lassen über die Trübsal, die uns in Asien widerfahren ist: sie hat uns so gewaltig und unerträglich gedrückt, daß wir sogar am Leben verzweifelten. Ja, wir glaubten, eine sichre Beute des Todes zu sein. Denn wir sollten lernen, unser Vertrauen nicht auf uns selbst zu setzen, sondern auf Gott, der die Toten auferweckt« (2. Kor. 1, 8. 9 – Albrecht). Auch wir sollen erkennen, daß uns nicht etwas Schlimmes trifft, wenn wir in eine scheinbar ausweglose Lebenslage geraten. Alles dient dazu, unser Vertrauen mehr auf Gott zu setzen, der uns sogar aus dem Rachen des Todes erretten kann.

Eines Tages wurde ich von der Staatspolizei verhaftet. Ich war mir keiner Schuld bewußt, außer, daß ich einer total atheistischen Umgebung das Evangelium verkündigt hatte. Man beschuldigte mich aber, antikommunistische Flugblätter verteilt zu haben. Es wurde mir mitgeteilt, daß einige Zeugen vorhanden seien, die mich beobachtet hätten. Durch diese Anschuldigung und haarsträubende Lüge sollte ich zu falschen Geständnissen gezwungen werden. In einem Kreuzverhör wollte man mich »knieweich« machen. Zunächst zitterte ich innerlich sehr und hatte große Angst, weil zu jener Zeit oft Menschen verschwanden. Sie waren in sibirische Zwangsarbeitslager verschleppt worden. Gefährlich ist es, in die Hände der Sünder zu geraten. Kalte Schauer gingen mir über den Rücken. Doch nach einer Zeit intensiven Gebets kam mir Gottes Trost ins Herz. Ich hatte ein kleines Johannesevangelium bei mir, in dem ich tröstende Worte fand und dadurch neue Zuversicht gewann. Beim nächsten Verhör war ich imstande, den Männern der Geheimpolizei die Botschaft von Jesus anzubieten. Danach änderte sich meine Lage, die Sünder wurden sehr nervös. –

Was will ich damit sagen? Nach meiner Verhaftung war ich nicht gleich in einen schwärmerischen »Halleluja-Lobpreis« gefallen, sondern mußte zunächst die große Anfechtung der Angst überwinden. Der Meister hatte seinen Jüngern prophezeit: »In der Welt habt ihr Angst . . .« Durch kindliches Vertrauen auf seine Hilfe wird uns himmlischer Trost zuteil: ». . . aber seid getrost, ich habe die Welt überwunden!« Der Herr befreit uns kraft seiner Auferstehung aus allen komplizierten Lebenslagen.

König Hiskia klagte: »Siehe, um Trost war mir sehr bange!«

Vielleicht befinden wir uns heute in gleicher Lage? Oft wird einem Evangelisten gesagt: »Ich bin ganz verzweifelt, völlig am Nullpunkt, meine Lage ist ja so trostlos! Es gibt so wenig Seelsorger, die sich gewissenhaft mit meiner Lage befassen. Keiner hat Zeit. Es ist alles so furchtbar oberflächlich geworden. Den wahren Trost empfange ich einfach nicht!«

Leider, ja leider mag das stimmen. Wir wollen aber unser Vertrauen zu Gott nicht wegwerfen, denn es hat die Verheißung auf Hilfe.

Kein Gebet vor Gott geht auf dem »Dienstweg« verloren, wie es manchmal bei unseren kommunalen Verwaltungen vorkommen kann. Die durchlebte Angst befähigte König Hiskia zu größter Dankbarkeit und zum Lobpreis Gottes, der ihn erhört hatte: »Du aber hast dich meiner Seele herzlich angenommen, daß sie nicht verdürbe; denn du wirfst alle meine Sünden hinter dich zurück.«

Wollen wir nicht gemeinsam erneut und von ganzem Herzen dem Herrn glauben, ihm vertrauen und uns durch sein Wort trösten lassen?

»Aller Menschen Trost ist eitel und kurz,
aber der innerliche Trost, der von der Wahrheit empfangen wird, ist selig und wahrhaftig.«

Thomas a Kempis
Nachfolge Christi (um 1410)

Meine Seele ist stille zu Gott

Von dem Augenblick an, als die Menschen aus dem Paradies vertrieben waren, überfiel sie eine unheilvolle Unruhe, die sich bis in unser Jahrhundert erhalten und teilweise bis zur Unerträglichkeit gesteigert hat. Ähnlich wie Hiob kommt auch König David in den Sog einer allgemeinen Weltunruhe und bittet:

»Herr, erinnere mich an das Ziel meines Lebens und wie kurz das Maß meiner Tage ist! Laß mich erkennen, wie vergänglich ich bin! Du hast meine Tage wie eine Handbreite gestaltet, mein Leben ist vor dir nichts, ja nur wie ein Hauch ist alles, was Mensch heißt; nur wie ein Schattenbild geht der Mensch dahin, er macht viel Lärm und Unruhe um nichts, er häuft sich Schätze auf und weiß gar nicht, wer sie erhält« (Ps. 39, 5–7 – Bruns).

König David kann sich diese krankhafte Unruhe gar nicht erklären. Er kämpft mit Löwenmut gegen seine geistliche Unbeständigkeit und erbittet die Hilfe Gottes aus der Unrast des täglichen Auf und Ab. »Was bist du so tief betrübt, meine Seele? Warum bist du so unruhig in mir? Harre auf Gott! Ich werde es ihm noch danken, daß er mein Helfer und mein Gott ist« (Ps. 42, 6 – Bruns).

»Ungeduld ist häufig Schuld«, schreibt Wilhelm Busch, und ein polnisches Sprichwort lautet: »Ungeduld ist ein Hemd aus Brennesseln.« Um im Wirbel unserer Tage ein geduldiger Mensch zu werden und zu bleiben, brauchen wir die Hilfe Gottes und die stille Einkehr. Nun fällt uns diese Stille nicht leicht wie ein reifer Apfel in den Schoß, wir müssen sie uns täglich mit aller Energie erkämpfen. Hier aber ist die schwächste Stelle in der heutigen Christenheit, nämlich zu einem täglichen und regelmäßigen Alleinsein mit und vor Gott zu kommen. Wie reißende Fluten verschlingen die täglichen Arbeiten von früh bis spät, ja manchmal bis in die Nacht hinein, unsere Zeit. Das Gefühl von unerledigten Arbeiten drängt uns, beständig an Verabredungen, Lieferfristen, Termine und Konferenzen zu denken. Ohne die nötige Stille vor Gott verödet aber unser geistliches Leben. Wer die Stille verachtet, verurteilt sein inneres Leben zum Absterben, es ist garantiert der Weg zum geistlichen Tod. Leider findet man immer triftige Gründe, die Stille vor Gott zu umgehen: die Familie, der Beruf, das Geschäft, der Haushalt, die Kinder und unzählige andere Verpflichtungen halten uns ab, unserer Seele zu dienen. Der Apostel Paulus kannte dies schon zu seiner Zeit und mahnte: »Ringet danach, still zu sein!« Etwas anders übersetzt heißt es: »Nehmt auch darin zu und setzt eure Ehre darein, Ruhe zu bewahren . . . .« (1. Thess. 4, 11 – Bruns).

Der Sohn Gottes ging oftmals an einen besonders ›wüsten‹ Ort, also dorthin, wo er am allerwenigsten vermutet wurde oder jemandem begegnen konnte.

»Frühmorgens vor Tage stand er auf und ging hinaus an einen einsamen Platz, um dort zu beten« (Mark. 1, 35 – Bruns).

In dieser kurzen Berichterstattung fällt uns auf:

1. Der Sohn Gottes benutzt eine besondere Zeit; er schafft also einen bestimmten ›Zeitraum‹. Noch ehe die Sonne am weiten Firmament erschien, vor Beginn des Tages suchte er die Gebetsstille!

Normalerweise kann man am Morgen seine Gedanken am besten ordnen. Vielleicht sollten wir etwas früher aufstehen und nicht zuerst die Zeitung oder das Radio auf uns einwirken lassen, sondern durch den Heiligen Geist für eine himmlische Audienz vorbereitet werden.

2. Jesus Christus suchte auch räumlich gesehen einen besonderen Ort auf, es war ein *einsamer* Platz. Weil wir nun nicht jeden Morgen einen weiten Spaziergang machen können, um an einen einsamen Ort zu gelangen, empfiehlt uns Jesus: »Wenn du betest, so gehe in dein Kämmerlein,

schließe deine Türe zu und bete zu deinem Vater, der im Verborgenen ist. Dein Vater, der in das Verborgene sieht, wird dir's vergelten« (Matth. 6, 6 – Bruns).

Die meisten Häuser des Nahen Ostens besitzen einen kleinen Raum, genannt das ›Kämmerlein‹. In diesem Raum, der besonders verschließbar ist, werden Familienvorräte und Wertsachen aller Art aufbewahrt. Er befindet sich im Innern des Gebäudes, also im gewissen Sinn von der Außenwelt abgeschlossen. Jesus empfiehlt uns einen Ort der bestmöglichen Stille, um vor seinem Angesicht die notwendige Wegweisung zu empfangen.

Wir brauchen diesen Ort der Stille, um gut hören zu können, denn jedes wirkliche Gebet beginnt mit einem Hören, erst danach können wir empfangen.

Viele Menschen halten, wenn sie zu beten glauben, dem lieben Gott eine kleine Ansprache, sagen zum Schluß Amen und gehen mit ihren eigenen Wünschen und Vorstellungen in den Tag hinein. Zu einem intensiven und tiefgehenden Gespräch mit Gott kommen wir aber nur, wenn wir in der Stille der Stimme Gottes lauschen.

Natürlich kommt es auch auf die geistliche Ordnung in unserem Herzen an, die uns eine innere Stille erst richtig ermöglicht. Wer mit Familienangehörigen oder Nachbarn im Streit lebt, soll sich nicht wundern, wenn sich keine Stille bei ihm einstellt. Jede Sünde bringt Unruhe in unser Leben.

Kain wurde nach dem grausamen Brudermord »unstet und flüchtig«. Deshalb sollten wir mit allen Menschen versöhnt sein oder diese Versöhnung suchen, also versöhnungsbereit sein.

Wer so vor Gottes Gnadenthron kommt, der wird Frieden, Kraft, Hilfe und ewigen Trost im Heiligen Geist empfangen.

Von Unruhe geplagt

Kein Jahrhundert wurde derartig heimgesucht von Unruhe und Hektik wie das unsrige. Noch vor der Jahrhundertwende prophezeite der Mediziner und Entdecker der Tuberkelbakterien, Dr. Robert Koch, daß man den Menschen bald mehr vor dem Lärm schützen müsse als vor Seuchen und Epidemien.

Ein halbes Jahrhundert technischer Fortentwicklung hat genügt, das sittliche, biologische und religiöse Gleichgewicht in der Welt gründlich zu stören. Flüsse, Seen, Meere, Luft und Erde sind nicht erfüllt vom Ruhm Gottes, sondern von einer fast unerträglichen Unruhe. Ein fürchterliches Konzert penetranten Lärmes, verursacht durch Autos, Düsenflugzeuge, Raketen, Preßlufthämmer und andere geräuschvolle Maschinen, quält unsere Ohren tagein, tagaus.

Noch schlimmer plagt den Menschen eine zunehmende Unruhe seines Herzens. Die Seele flattert wie ein angstgepeinigter Vogel vor dem unheimlichen Gewittersturm der Zukunft. Schon ein Hiob bekannte in grauer Vorzeit:

»Der Mensch, vom Weibe geboren, lebt kurze Zeit und ist voll Unruhe, geht auf wie eine Blume und fällt ab, flieht wie ein Schatten und bleibt nicht« (Hiob 14, 1).

Unsere Seele sehnt sich nach einer tiefen inneren Ruhe, denn ohne sie wird die Harmonie im Leben gestört. Jedem Geschöpf ist vom Schöpfer eine Sehnsucht nach ewiger Ruhe ins Herz gelegt. Gott selbst ruhte am siebenten Tage von allen seinen Werken.

Die Unruhe, die Sorge und Hetze ergriff den Menschen von dem Augenblick an, als er die innige Gemeinschaft mit Gott, das schöne Vertrauens-

verhältnis im Paradies, durch seinen Ungehorsam zerstörte und Gott ihn ausschließen mußte aus der bisherigen Umgebung und Geborgenheit.
Doch unser gnädiger Schöpfer ebnete den Weg, um den Menschen erneut in die verlorengegangene Ruhe zu bringen. Liebe ist die Bezeichnung für die höchste und vollendete Form eines unbegrenzten Vertrauens. Es gibt nur einen Weg zurück zum Paradies, den Weg völligen Glaubens an Jesu Sühneopfer.
»Denn nur, wenn wir gläubig geworden sind, kommen wir zur Ruhe«, heißt es in der Bibel. Über die Gottlosen dagegen wird gesagt:
»Ich schwur in meinem Zorn: nimmermehr sollen sie zu meiner Ruhe kommen!« (Hebr. 4, 3 – Bruns). Ruhe ist etwas anderes als Schlaf. Sie hat nichts mit Faulenzen zu tun, sondern bedeutet die herrliche Geborgenheit in Gott.
Die göttliche Ruhe finden wir in keinem sterblichen Gemüt.
Wie bekannt ist auch das Sprichwort und wie oft wird es zitiert: »Es kann der Frömmste nicht im Frieden bleiben, wenn es dem bösen Nachbarn nicht gefällt.«
Wir dürfen deshalb nicht abhängig sein in unserer Ruhe von Menschen und Freundschaften, noch von einem »holden Glück«, wir dürfen aber und müssen die Ruhe Gottes in Anspruch nehmen, die er uns allen anbietet. Alle andere sogenannte »Ruhe« ist vergleichbar mit der »Friedhofsruhe«. Jeden Augenblick kann der Sturm des Unfriedens über unser kleines Leben hereinbrechen. »Unruhe ist der ärgste Dämon im Leben!«
Jesus, der Sieger über Tod und Teufel, fordert uns auf: »Kommet her zu mir alle, die ihr mühselig und beladen seid; ich will euch erquicken. Nehmet auf euch mein Joch und lernet von mir, denn ich bin sanftmütig und von Herzen demütig; so werdet ihr Ruhe finden für eure Seelen« (Matth. 11, 28. 29).
Der begnadete »Fürst unter den Predigern« C. H. Spurgeon hat den

Kampf zwischen Ruhe und Unruhe in einer wunderbaren Illustration verdeutlicht. Er berichtete: »In einer Nacht konnte ich keine Ruhe finden, und in dem Umherwandern meiner Gedanken stieß ich auf den Text: ›Seinen Freunden gibt er Schlaf‹, und beschäftigte mich damit. Als ich in meinen Streifzügen soeben das Land der Träume berührte, war mir's, als befände ich mich in einer Burg. Rings um die massiven Mauern her zog sich ein tiefer Wassergraben. Da waren Wächter, die Tag und Nacht die Mauern bewachten.

Es war eine alte, schöne Burg, die den Feinden Trutz bot. Die Vorderseite stand kühn aufgerichtet da, als ob sie sich ihrer Widerstandskraft bewußt wäre.

Aber ich war nicht glücklich darin. Ich meinte, ich läge auf meinem Lager; aber kaum hatte ich meine Augen geschlossen, als die Trompete ertönte: ›Zu den Waffen! Zu den Waffen!‹

Als die Gefahr vorüber war, legte ich mich wieder nieder.

›Zu den Waffen! Zu den Waffen!‹ tönte es wieder, und ich richtete mich wieder hastig auf. Ich konnte nicht ruhen. Dann war mir's, als hätte ich meine Rüstung an und wäre beständig in Bewegung und eilte stündlich auf den Turm, weil ich immer wieder aufgeschreckt wurde. Einmal kam der Feind aus dem Westen, dann wieder aus dem Osten. Es war mir, als hätte ich irgendwo in der Burg einen Schatz, und meine Sorge war darauf gerichtet, ihn zu behüten.

Ich erwachte und dachte: in solch einer Burg möchte ich trotz all ihrer Festigkeit und Sicherheit nicht wohnen. Es war die Burg der Unzufriedenheit, die Burg des Ehrgeizes, in welcher kein Mensch ruhig sein kann. Da heißt es beständig: ›Zu den Waffen! Zu den Waffen!‹ Hier ein Feind und dort ein Feind. Der geliebte Schatz muß gehütet werden. Ich schlief wieder ein.

Nun kam ich in eine Hütte. Es war ein Hüttchen, wie sie von Dichtern besungen wird; ich kümmerte mich nicht darum. Außer einem funkelnden Juwel auf meiner Brust hatte ich keinen Schatz in der Welt. Ich legte meine Hand auf den Juwel und ging schlafen und erwachte nicht, bis die Sonne mich weckte. Dieser Schatz war ein ruhiges Gewissen und die Liebe Gottes und der Friede, der ›höher ist als alle Vernunft‹.

Ich schlief so ruhig, weil ich in der Hütte der Zufriedenheit lag, zufrieden mit dem, was ich hatte.

Geht, ihr Geizhälse! Geht, ihr ehrgeizigen Menschen!

Ich beneide euch um euer unruhiges Leben nicht. Der Schlaf eines Staatsmannes wird oft gestört; der Traum eines Geizhalses ist stets unruhig; der Schlaf des Menschen, der den Gewinn liebt, ist nie erquickend; aber Gott gibt seinen *zufriedenen* Kindern Schlaf.«

»Darum ist noch eine Ruhe vorhanden dem Volke Gottes. Denn wer zu seiner Ruhe gekommen ist, der ruht auch von seinen Werken gleichwie Gott von seinen. So lasset uns nun Fleiß tun, einzukommen zu dieser Ruhe, auf daß nicht jemand falle in dasselbe Beispiel des Unglaubens« (Hebr. 4, 9–11).

Gesegneter Arbeitstag

Als Gott der Herr seinem Knecht Mose auf dem Berg Horeb begegnete, als er dort seinen ewigen Willen in die Tafeln grub, gab er unter anderem auch die Anweisung für die Einteilung der Zeit:
»Sechs Tage sollst du arbeiten und alle deine Geschäfte verrichten; aber der siebente Tag ist ein Feiertag zu Ehren des Herrn, deines Gottes« (2. Mose 20, 9 – Menge).
Das kreative Wirken des Menschen wurde durch den Fluch der Sünde zu einer großen Belastung, denn Gott, der Herr, hatte zu Adam gesagt: »Weil du der Aufforderung deines Weibes nachgekommen bist und von dem Baum gegessen hast, von dem zu essen ich dir ausdrücklich verboten hatte, so soll der Ackerboden verflucht sein um deinetwillen: mit Mühsal sollst du dich von ihm nähren dein Leben lang! Dornen und Gestrüpp soll er dir wachsen lassen, – im Schweiße deines Angesichts sollst du dein Brot essen, bis du zum Erdboden zurückkehrst, von dem du genommen bist, denn Erde bist du und zu Erde mußt du wieder werden« (1. Mose 3, 17–19 – Menge).
Wieviel Kummer, Schweiß und Mühsal häufen sich an einem Arbeitsplatz. Die modernen Dornen und Disteln, das Gestrüpp des Alltags spüren wir nur zu deutlich in dem weitverbreiteten Leistungszwang, dem Dauerstreß. Dazu kommen andere Bedrohungen durch zunehmende Arbeitslosigkeit oder Kurzarbeit infolge wirtschaftlicher Schwierigkeiten.
Adam – der Mensch wird im Zentrum seines Menschseins getroffen, nämlich in seiner schöpferischen Arbeit. Was Lust und Freude am produktiven Leben sein sollte, wurde zum Kummer. Die himmlische Leichtigkeit, mit der die Erde erobert, durchforscht und auch vollendet werden sollte,

hat sich in einen Strom von Schweiß, Blut und Tränen verwandelt. Nun sollte niemand denken, daß ich als Seelsorger vom grünen Tisch aus spreche, denn ich selbst stand jahrzehntelang an verschiedenen Arbeitsplätzen, oft unter schweren Belastungen und umgeben von gottlosen Mitarbeitern. Deshalb weiß ich nur zu gut, daß der Arbeitsplatz nicht der Ort ist, an dem man Gott lobt und preist. Im Gegenteil, hier wird man Zeuge von täglichem Fluchen, Lästern und Sündigen. Zu mancher Berufssparte gehört die Lüge heutzutage wie die Luft zum Atmen. Da bekommt man beispielsweise zu hören: »Was, Sie können nicht lügen? Dann sind Sie hier fehl am Platz!« oder: »Notlügen sind doch keine Todsünden!« Viele Christen kommen dadurch in große Gewissensnöte. Heute werden Spitzenleistungen von den einzelnen Mitarbeitern erwartet. Man ist gezwungen, sich auf seinem Arbeitsplatz unter allen Umständen zu behaupten.
Durch weitgehende Mechanisierung und erhöhte Anforderungen bei Akkordleistungen, die erbracht werden sollen, stellen sich darüber hinaus oft sehr unliebsame, sogenannte Berufskrankheiten ein: Magengeschwüre, Blutdruckerkrankungen, Herzinfarkte, Lungenkrebs, Staublungen, Abnutzungserscheinungen sehr schmerzhafter Art bei den Bandscheiben und anderes mehr.
So also sehen die modernen Disteln und Dornen aus, mit denen wir es zu tun haben. Nicht zu vergessen die nervlichen und seelischen Belastungen, die vielfach als Ursache zu körperlichen Erkrankungen führen. Depressive Anfälle, Pessimismus und völlige Vertrauenslosigkeit sind heute keine Seltenheit.
»Mit Kummer sollst du dich ernähren!«
Ein schlechtes Betriebsklima, ein kollektiver Zwang unter Arbeitern und Angestellten führt vielfach zu Resignation oder Störung in der Persönlichkeitsentfaltung.
In den sogenannten sozialistischen Staaten besteht zudem ein steter

Kampf der politischen Mächte mit dem Desinteresse des kleinen Mannes und seiner praktizierten Verantwortungslosigkeit. Sein Arbeitsplatz wird dort für politische Ziele mißbraucht und der Mensch in einer anderen Richtung ausgebeutet. Wer im Berufsleben vorankommen will, muß sich mit den politischen Parolen und Ideologien solidarisch erklären, doch durch diese Willkür werden arbeitsfreudige Menschen zu abgestumpften, seelenlosen Arbeitssklaven degradiert.

Adam – wo bist du hingeraten? Der schöne Traum vom schöpferischen Wirken wird kaum noch zur Wirklichkeit. Dennoch bleibt es Gottes heiliger Wille, daß der Mensch sich die Erde nutzbar machen soll. Der Apostel Paulus schrieb den Mitgliedern der Gemeinde zu Thessalonich: »Doch ermahnen wir euch, liebe Brüder, noch vollkommener zu werden und eure Ehre darin zu suchen, daß ihr ein ruhiges Leben führt, euren eigenen Geschäften nachgeht und euer Brot mit eurer Hände Arbeit verdient. So haben wir es euch geboten, damit ihr im Verkehr mit den Draußenstehenden einen ehrbaren Wandel führt und niemandes Unterstützung nötig habt« (1. Thess. 4, 10–12 – Menge).

Wir alle können durch Gottes Gnade zum bleibenden Segen werden. Bietet sich nicht gerade am Arbeitsplatz die große Gelegenheit, mit Nichtchristen in geistliche Gespräche zu kommen? Dabei können wir den Herrn bekennen, bezeugen und ihn verkündigen. Welch eine günstige Gelegenheit zur Ausbreitung des Evangeliums in der ganzen Welt! Gott segnet die Arbeit, die wir fröhlich und ohne zu murren tun. Der Schöpfer schenkt uns dazu Erfinderreichtum, er kann unsere Planungen lenken und uns in der Gesellschaft zum Segen setzen. Gott, der Herr, benutzt unseren Arbeitsplatz, um sowohl das Gute wie auch das Böse vor Menschen zu offenbaren. Nicht die Erfindungen der Technik sind ein Fluch, sondern der Mißbrauch derselben.

Ein bedeutender Mann Gottes beschrieb den Ablauf der Menschheitsgeschichte und die Wichtigkeit einer Entscheidung hin zum Schöpfer mit folgenden Worten: »Der Weg Gottes durch die Geschichte ist zielstrebig und ohne Wiederholung. Der Mensch muß an den Scheingütern sterben, damit er das ewige Gut empfange. Die Stunde der Einkehr und Heimkehr schlägt erst dann, wenn der Mensch sich müde getragen hat an seinen Göttern, dann erst kann sich Gottes Plan am Menschen erfüllen.«

Die Arbeit wird manchen Menschen zum Götzen, wenn sie nicht Gott und seinen Willen im Mittelpunkt hat.

Alles kann zum Segen – aber auch zum Fluch werden!

Wir sollten Gott erneut danken für unsere Arbeitsstätten, so kalt und unliebsam sie uns vielleicht auch erscheinen mögen, und sie dazu benutzen, ein Zeugnis für Gott und seine Liebe zu sein und den Mitmenschen, denen wir sonst nicht begegnet wären, bleibenden Segen spenden.

»Ein jegliches hat seine Zeit, und alles Vornehmen unter dem Himmel hat seine Stunde. Geboren werden und sterben, pflanzen und ausrotten, was gepflanzt ist, würgen und heilen, brechen und bauen, weinen und lachen, klagen und tanzen, Steine zerstreuen und Steine sammeln, herzen und ferne sein von Herzen, suchen und verlieren, behalten und wegwerfen, zerreißen und zunähen, schweigen und reden, lieben und hassen, Streit und Friede hat seine Zeit. Man arbeite, wie man will, so hat man keinen Gewinn davon« (Pred. 3, 1–9).

Habt Geduld mit den Schwachen

Kein anderer als der Tüchtigste unter den Tüchtigen, nämlich der unermüdlich wirkende Apostel Paulus gebietet: »Redet aber den Kleinmütigen gut zu, kümmert euch um die Schwachen; habt mit allen Geduld! Achtet darauf, daß nicht jemand Böses mit Bösem vergelte! Seid gut zueinander und strebet danach, einander und auch allen anderen Gutes zu tun!«

Die Kleinmütigen sind in der Regel dem Nächsten gegenüber recht verschlossen. Sie wagen es kaum, sich zu Wort zu melden. Sie verkriechen sich aus Furcht ihres Herzens in ein unsichtbares Schneckenhaus des Schweigens. Sie sind leicht verzagt und den Starken gegenüber äußerst ängstlich.

Auch Paulus kannte solche Menschen und ermahnt aus diesem Grund die Starken, sich der Kleinmütigen in Geduld und durch tröstlichen Zuspruch anzunehmen. Man sollte deren Verzagtheit nicht noch vergrößern durch eine provozierende Haltung, sondern ihren Mut wecken und vergrößern helfen.

Als die Jünger des Herrn einst bei tosendem Meer recht kleinmütig wurden, redete Jesus sie nur ermunternd an, und ihre Furcht mußte weichen.

Vielleicht kennen wir Menschen in unserer Umgebung, die immer abseits stehen, um die sich kaum jemand kümmert, die nur reden, wenn man sie anspricht. Sie warten sicher darauf, daß sie jemandem ihr Herz offenbaren können und Verständnis finden für ihre eigenen Anliegen.

Es herrscht oft großer Mangel an solchen Menschen, die die Nöte anderer zu ihren eigenen machen. Der Apostel Paulus schreibt an die Römer: »Wir ›Starken‹ haben jedenfalls die Aufgabe, die Schwächen derer, die nicht so stark sind, zu tragen und nicht selbstgefällig nur an uns zu denken. Jeder von uns suche, dem Nächsten zu gefallen und ihn zum Guten zu beeinflussen« (Röm. 15, 1–2 – Bruns).

Nach den Worten der Bibel: »Einer schätze den anderen höher als sich selbst«, sollte dies ja gut gehen, aber hier hebt die Not an!

Wie oft ertappen wir uns dabei, den anderen niedriger oder gar verächtlich eingeschätzt zu haben. Wenn nur die Gesinnung Jesu sich in uns mehr entfalten könnte! Von ihm berichtet der Prophet Jesaja: »Das zerstoßene Rohr wird er nicht zerbrechen, und den glimmenden Docht wird er nicht auslöschen« (Jes. 42, 3).

Da steht der Engel des Herrn vor einem gerade noch glimmenden Docht eines Kleingläubigen – Jesus will ihn nicht auslöschen, nein, o nein! Ein helles Feuer soll entfacht werden im Herzen dieses Menschen. Die Starken im Leben fühlen sich jedoch oftmals dazu berufen, den glimmenden Docht als nutzlos anzusehen und tragen dazu bei, sein Verlöschen zu beschleunigen. Für sie ist ein glimmender Docht zu nichts nütze, das zerbrochene Rohr völlig wertlos. Aber, der die Schwachen trägt und den Kleinmütigen zu neuem Lebensmut verhilft, ist der Messias Jesus Christus.

»Ich habe ihn mit meinem Geist gesalbt, er schreit und lärmt nicht auf den Gassen!« sagt der Herr.

Manche Nachfolger Jesu halten sich für sehr gläubig und geistvoll, wenn sie einen ohrenbetäubenden Lärm anstimmen, womit sie die Schwachen ängstigen und niederdrücken, anstatt sie aufzurichten.

Als ich noch ein Schüler war, galt in unserem Land ein Leitsatz, der besagte: »Der deutsche Junge ist hart wie Kruppstahl, zäh wie Büffelleder und flink wie ein Windhund!«

Für die seelisch schwachen Jungen war dieser Satz ein Alpdruck. In meiner Klasse war einer, der nicht in der Lage war, seine Ängste zu überspielen und Mut vorzutäuschen. Von den Klassenkameraden wurde er deshalb gehänselt, verspottet und sogar tätlich angegriffen. Leider fand er bei unserem Lehrer auch keine Hilfe. Im Gegenteil, wenn es beispielsweise zu einer Schneeballschlacht ging, dann befahl der Lehrer: »Los! Seift ihn ein! Wascht ihn mit Schnee! Alles zielt auf ihn!«

Von panischer Angst getrieben, eingekreist von allen Seiten, schrie dieser Gehetzte aus Leibeskräften und suchte verzweifelt nach einem Entrinnen.

Ein unbändige Wut stieg in mir auf. Zwar wagte ich es nicht, gegen den Lehrer Partei zu ergreifen, aber auf dem Heimweg, als die noch immer aufgehetzte Meute schon wieder auf den Armen lauerte, um ihn erneut in Todesangst zu versetzen, stellte ich mich auf seine Seite. Zu meinem Erstaunen blieb ich mit ihm nicht allein, mein Beispiel machte Schule, auch andere fühlten sich ermuntert, dem Schwachen beizustehen. Von diesem Tag an wurden wir Freunde. Jeden Morgen holte ich ihn von seinem Elternhaus ab, und mittags gingen wir wieder gemeinsam nach Hause.

Später, nach Jahren, bekehrte ich mich in seinem Elternhaus anläßlich einer Hausversammlung. Da seine Eltern eine Bäckerei hatten, versorgte er mich in der großen Hungerszeit nach dem Krieg oftmals mit Brot.

Ob uns diese Begebenheit nicht zum Nachahmen veranlaßt? Möge der Heilige Geist uns Augen geben, die die Not der Schwachen und Kleinmütigen erkennen und uns willig machen, ihnen Gutes zu tun. Dadurch werden wir das Gebot Christi erfüllen und reichen Lohn empfangen, denn wir haben im Matthäusevangelium gelesen:

»Was ihr getan habt einem unter diesen meinen geringsten Brüdern, das habt ihr mir getan.«

Dem Mutigen gehört die Welt

Ein Sprichtwort lautet: »Dem Mutigen gehört die Welt!«
Mut ist eine besondere Eigenschaft, die Gott dem Menschen verliehen hat. Wer den Mut aufbringt, seinen Gott vor den Menschen zu bekennen, dazu vor anderen einzugestehen, ein Sünder zu sein, wer den Mut besitzt, gegen Ungerechtigkeiten und moralische Auflösung zu kämpfen, der ist ein Überwinder und versucht, das Böse mit Gutem zu überwinden.
»Ein männlicher Mut erträgt sein Leiden; aber ein bedrücktes Gemüt – wer kann das ertragen?« (Spr. 18, 14 – Menge).
Dem entgegen steht ein anderes Sprichwort, in welchem auch von Mut die Rede ist, aber es ist ein Mut mit oftmals negativen Folgen: »Übermut tut selten gut!«
Vor einigen Jahrzehnten lebte ein Mann, der ein sehr hohes Ziel verfolgte und einen äußerst starken Willen sein Eigen nannte, mit dem er sich über alle Widerstände seiner Gegner hinwegsetzte.
»Es gibt überhaupt keinen Gott«, sagte er eines Tages zu seinem Freund, mit dem er in der schönen Alpenwelt wanderte. Sein Freund hatte versucht, ihm die Herrlichkeiten in Gottes Schöpfung zu verdeutlichen.
»Es gibt keinen Gott«, sagte der untersetzte Mann, »und das werde ich dir jetzt beweisen.«
Daraufhin zog er seine Taschenuhr hervor und sagte herausfordernd: »Wenn es einen Gott gibt, so soll er mich jetzt vernichten! Ich gebe ihm eine Minute Zeit.« Die Minute verstrich und nichts geschah.
»Siehst du«, sagte er triumphierend, »es gibt keinen Gott.«
»Versündige dich nicht!« bat der Freund. »Vielleicht wirst du das einmal furchtbar büßen müssen.«

»Niemals«, lachte sein Freund schallend, so daß es in den Bergen widerhallte, und es schien fast so, als sollte er Recht behalten. Dieser kleine, untersetzte Mann wurde zu einem großen Diktator. Als er auf dem Gipfel seiner Macht stand, begann der Zweite Weltkrieg, in den er sich mit verstrickte, den er auch mit verlor.

Jahre nach dieser Alpenwanderung saß derselbe Spötter und Gottesleugner auf einem deutschen Militär-LKW, bekleidet mit einer Waffen-SS-Uniform und einem viel zu großen deutschen Stahlhelm auf dem Kopf. Er befand sich auf der Flucht vor seinen Gegnern und wollte sein Leben retten. Die Schweiz war sein Ziel, die er zu erreichen hoffte und glaubte. Doch im letzten Augenblick wurde er noch von italienischen Partisanen ergriffen, erkannt und mit seiner Geliebten und einigen anderen faschistischen Anhängern erschossen. Sein Name: Benito Mussolini! Der in aller Welt bekannte Diktator Italiens.

Ja, wenn der Hochmut aufgeht, geht das Glück unter!

Jesus, der Sohn des lebendigen Gottes, spricht zu seinen Jüngern von einer anderen Art Mut. Er sagt: »Glückselig sind die Sanftmütigen, denn sie werden das Erdreich besitzen« (Matth. 5, 5).

Vielleicht verstehen wir das, was der Dichter Ludwig Börne schreibt: »Der wahre Mut ist nicht nur ein Luftballon, der in die Höhe steigt, sondern auch ein Fallschirm, der zur Erde gleitet.«

Für den allgemeinen Ablauf der Weltgeschichte bedeutet Sanftmut nicht viel. Im Gegenteil, dort wäre nach der Meinung der Despoten und Diktatoren die Sanftmut nur hinderlich und würde nie zu dem von ihnen angestrebten Ziel führen. Die gewaltigen Tyrannen und überragenden Feldherrn, deren Namen in jedem Lexikon verzeichnet sind, die berühmt-berüchtigten Großkapitalisten, Filmstars und Spitzenpolitiker, die in Illustrierten und Bildbänden behandelt und beleuchtet werden, haben meistens durch skrupelloses Verhalten ihre Position erworben.

Jesus aber predigte: »Glückselig sind die Sanftmütigen, denn sie werden das Erdreich besitzen.«
Deshalb verstanden ihn seinerzeit seine eigenen Volksgenossen nicht. Sie ersehnten sich einen mächtigen König, einen Befreier von der Fremdherrschaft, so wie Josua einst das Land von den verhaßten Feinden gesäubert hatte. Was sollte man denn mit einem sanftmütigen König anfangen?
In den letzten beiden Weltkriegen haben christliche Völker zur Genüge ihre Gesinnung gezeigt, denken wir nur zum Beispiel an Verdun – Auschwitz – Dresden – Hiroshima!
Wer sind nun Sanftmütige? Viele verstehen darunter vielleicht Jammergestalten, die sich wie Seegras im Sturmwind hin- und herbiegen lassen. Energie- und willenlose Menschen, die widerstandslos alles über sich ergehen lassen und in alles einwilligen, wozu man sie veranlaßt. Sanftmut ist aber keineswegs eine Charakterschwäche, ein duckmäuserischer Untertanengeist, der zu allem Ja und Amen sagt; nein, Sanftmut ist die rücksichtsvolle Art, den Menschen zu begegnen.
Sanftmut ist der große Mut, in den Menschen den Haß, den Jähzorn und das skrupellose Wesen durch Güte zu überwinden.
Sanftmut bedeutet nicht, ein um jeden Preis ruhiges Leben suchen, sondern mit sanftem Sinn die Gewalttätigkeit der Sünde zu besiegen. »So ziehet nun an, als die Auserwählten Gottes, Heiligen und Geliebten, herzliches Erbarmen, Freundlichkeit, Demut, Sanftmut, Geduld und vertrage einer den anderen und vergebet euch untereinander, so jemand Klage hat wider den anderen; gleichwie Christus euch vergeben hat, also auch ihr« (Kol. 3, 12–13).
Sanftmut ist keine angeborene Tugend, sie ist eine schöne Geistesfrucht. Zwei Eigenschaften bilden diese Geistesfrucht: die Unschuld einer Taube und die Kraft eines Löwen, wenn es gilt, gegen Sünde und Ungerechtigkeit zu kämpfen.

»Denn sie werden das Erdreich besitzen«, ist eine wunderbare Verheißung! Wir wissen, daß Jesus nie mit dem Schwert gekämpft hat und doch werden sich einst aller Knie vor ihm beugen müssen, im Himmel und auf Erden. Durch heiligen Mut und sanftes Wesen hat Jesus den Fürsten dieser Welt – den Satan persönlich – überwunden. Die Herrscher und Gewaltigen in der Menschheitsgeschichte wie Cäsar, Karl der Große, Alexander der Große, Napoleon, Hitler, Lenin, Stalin und Mao Tse-tung haben ihre Reiche durch Gewalt eingenommen, doch von ihnen muß man sagen:

Seht, man mußte sie begraben, die der Welt Gebote gaben,
und ihr Wort hat nicht Bestand.
Ihre Häuser wurden Trümmer, ihre Münzen gelten nimmer,
die man in der Ecke fand.

Ihre Namen sind verklungen, ihre Lieder ausgesungen,
ihre Reiche menschenleer.
Ihre Spiegel sind zerbrochen, ihre Sprache ungesprochen,
ihr Gesetz gilt längst nicht mehr.

Jesu Name wird bestehen, Jesu Reich nie untergehen,
sein Gebot gilt allezeit.
Jesu Wort muß alles weichen, und ihn kann kein Trost erreichen.
Jesus herrscht in Ewigkeit!

Für die Jünger Jesu bleibt die Verheißung:
»Glückselig sind die Sanftmütigen, denn sie werden das Erdreich besitzen!«

Von niemand beachtet

Während wir fröhlich im Kreise unserer Familie den Tag verleben, wohnt vielleicht, nur durch eine Wand getrennt, ein einsamer Mensch nebenan. Er vernimmt Stimmengewirr, ein Wechselgespräch mit Rede und Antwort, einfach ein munteres Gespräch von Mensch zu Mensch, doch in seinen vier Wänden bleibt alles still. – Die Wände mit ihrem Wandbehang starren ihm entgegen. Dieser Einsame kann, wie einst König David, klagen: »Wende dich zu mir und sei mir gnädig; denn ich bin einsam und elend. Die Angst meines Herzens ist groß; führe mich aus meinen Nöten! Sieh an meinen Jammer und mein Elend und vergib mir alle meine Sünden« (Ps. 25, 16–18). Man fragt sich manchmal, wie es nur möglich ist, daß in der Massengesellschaft unseres Jahrhunderts viele Menschen vor Einsamkeit fast zugrundegehen. Ein Dichter sprach es einmal so aus:
». . . hat jeder nur sein Eigenes lieb!«
Freud und Leid wohnen oft so hautnah nebeneinander. In den riesigen Millionenstädten vegetieren Menschen verlassen und vergessen dahin. So mancher wird schuldig, weil er seinen einsamen Nächsten nicht sieht. Gottes Liebe in uns sollte sich bei solchen Menschen Eingang verschaffen. Doch wer für Gott keine Zeit hat, hat auch keine für Menschen.
Für alle Nachfolger Jesu gilt ein Gebot, das die anderen in sich birgt: »Du sollst lieben Gott, deinen Herrn, von ganzem Herzen, von ganzer Seele und von ganzem Gemüte. Dies ist das vornehmste und größte Gebot. Das andere aber ist ihm gleich: Du sollst deinen Nächsten lieben wie dich selbst« (Matth. 22, 37–39).
Lieben aber kann nur der, der sich Zeit für die Liebe nimmt. Wer keine Zeit hat, kann auch nicht Liebe geben. Weil nun so viele Menschen kon-

taktarm, herzlos und ohne Mitgefühl gegenüber ihrer Umwelt leben, nimmt die Lieblosigkeit überhand und wird dadurch zur weitverbreitetsten Sünde. Gott würde uns heute fragen: »Adam, wo ist deine Liebe zu deinem Nächsten?« Und wir Bürger unserer heutigen Zeit würden antworten: »Soll ich meines Nächsten Hüter sein?«

Unsere Gottlosigkeit ist nicht nur im Übertreten von Geboten des Schöpfers zu finden, sondern vielmehr noch in unterlassener Liebespflicht. Zeitknappheit und Liebesarmut sind miteinander verschwägert, eines zieht das andere nach sich. Das gängige Klagelied unserer Zeit ertönt bei jung und alt: »Wir haben keine Zeit!«

Gejagt und gehetzt von unsichtbaren Mächten, meinen bereits viele, es gehöre zum guten Ton, keine Zeit mehr zu haben. Wer so überbeschäftigt ist, wird eben überall gebraucht, ist eine bedeutungsvolle Persönlichkeit und wahrscheinlich durch niemanden zu ersetzen! Nun schreibt aber der Apostel Paulus: »Wir, die wir *Zeit* haben, laßt uns Gutes tun . . .« (Gal. 6, 10). Wirken diese Worte nicht geradezu wie eine Provokation auf uns? Es hat den Anschein, als würde er meinen: Das eben zeichnet die Christen vor den Gottlosen aus, sie haben Zeit, die Christen, und es stimmt, denn Jünger Jesu haben Ewigkeit!

Wer sich über die Ewigkeit keine Gedanken macht, für den existiert nur diese kurze und vergängliche Erdenzeit. Sie ist dann natürlich für ihn mit seinen mannigfachen Wünschen und Begierden zu kurz. Darum hat er nur für sich Zeit, und diese deshalb nicht einmal genug. Wie kann er da noch Gutes tun? Er ist mit sich selbst ja viel zu sehr beschäftigt. Man könnte es als das Glaubensbekenntnis des modernen Heidentums ansehen: »Ich habe keine Zeit!«

Ein erschütterndes Bekenntnis, ein Armutszeugnis einer gehetzten und gejagten Menschheit. Der Verlust der Zeit zieht den Verlust der Ewigkeit unausweichlich nach sich. Es kann auch gar nicht anders sein, weil einer-

seits ohne Gott alles verloren, mit Gott aber alles gewonnen wird, denn Zeit ist Gnade, doch diese Gnade verachten viele. Leider!

Daraus können wir ableiten: Es ist ein Zeichen der überhandnehmenden Gottlosigkeit, keine Zeit – weder für Gott noch für Menschen – zu haben. Sage mir, wieviel Zeit du für die vergänglichen Werte und Dinge hast, und ich sage dir, wie dein Verhältnis zu Gott aussieht!

Nun mag mir mancher entgegenhalten, daß der, der in unserem Jahrhundert noch Zeit übrig hat, ein Müßiggänger sei, und wie lautet das Sprichwort? »Müßiggang ist aller Laster Anfang!«

Doch halt! Es besteht ein grundsätzlicher Unterschied zwischen einem Müßiggänger und einem Menschen, der Muße hat und sich Zeit nimmt, Gutes zu tun. Müßiggänger leiden unter Langeweile. Sie können mit der ihnen zur Verfügung stehenden Zeit nichts anfangen. Sie schlagen nur allzuoft ihre Zeit mit nutzlosen Beschäftigungen tot. Für Christen jedoch sollte das Wort »Langeweile« ein Fremdwort sein, denn die ihnen von Gott geschenkte Zeit ist für sie kostbar und sollte mit Werken der Nächstenliebe ausgefüllte Zeit sein.

Ein Jünger Jesu sollte sich bewußt Muße gönnen, weil Gott sie ihm gönnt. Hierin liegt das wunderbare Geheimnis: Wer Ewigkeit hat, der hat auch Zeit! Der Teufel hat nur noch eine kurze Zeit, dem Gottlosen die wenige Zeit zu stehlen, die ihm zur Verfügung steht. Der Christ aber kann sagen: »Ich habe Zeit, Gutes zu tun, denn ich habe durch Gottes Gnade die Gewißheit der gotterfüllten Ewigkeit gewonnen.«

Christen sind nie einsam, denn sie kennen die Gemeinschaft mit Gott und suchen die Gemeinschaft mit den Menschen, die Gott lieben.

Das Alter ist eine schöne Krone

»Das Alter ist eine schöne Krone« oder besser: kann eine solche sein! Im allgemeinen scheut der Mensch die Leiden und Unbequemlichkeiten des Alters. Es fällt ihm sehr schwer, das Alter als eine Krone anzusehen. Im Psalm 71 finden wir ein Gebet um Gottes Gnade angesichts des herannahenden Alters:

»Verwirf mich nicht in meinem Alter; verlaß mich nicht, wenn ich schwach werde. Denn meine Feinde reden wider mich, und die auf meine Seele lauern, beraten sich untereinander und sprechen: ›Gott hat ihn verlassen; jaget nach und ergreifet ihn, denn da ist kein Erretter‹.«

»Gott, du hast mich von Jugend auf gelehrt, und bis hierher verkündige ich deine Wunder. Auch verlaß mich nicht, Gott, im Alter, wenn ich grau werde, bis ich deinen Arm verkündige Kindeskindern und deine Kraft allen, die noch kommen sollen« (Ps. 71, 9–11 u. 17–18).

Warum sollte Gott gerade den alternden Menschen verwerfen und ihn bei zunehmender Schwäche verlassen? Gott verbürgt sich mit seinem Wort, allezeit zu erhören und Hilfe zu senden.

»Ja, ich will euch tragen bis ins Alter und bis ihr grau werdet. Ich will es tun, ich will heben und tragen und erretten« (Jes. 46, 4). Dennoch werden viele ältere Menschen von der Furcht ergriffen, von Gott verlassen zu sein oder vor Gott zu versagen. Diese Sorgen sollen wir vor Gottes Thron ablegen; denn wenn wir zu ihm kommen, gibt er uns neue Kraft!

Ein großer Vorteil ist es natürlich, wenn man sich in seiner Jugend schon zu Gott hingewandt hat. Dann können wir auf ein Leben in der Gemeinschaft mit ihm zurückblicken. Im Alter ist es wertvoll, in dem Bewußtsein zu leben, die Kraft seiner Jugend dem Herrn zur Verfügung gestellt zu haben. Es ist eine Binsenweisheit, daß man in der Jugend vorwärts, im Alter aber rückwärts blickt. Wohl uns, wenn wir dann eine Stelle finden, auf der unser Auge mit Wohlgefallen ruhen kann. Das größte Wohlgefallen aber ist Gottes Gnade, wenn er unser Leben für sein himmlisches Reich hat fruchtbar machen können. Dann werden wir nicht mit dem Schicksal in Gestalt des Alters hadern, sondern erkennen: »Das Alter ist eine schöne Krone.«

Der alternde Mensch spürt den Zerfall der Leibeskräfte, er erkennt, daß das Alter selbst eine negative Veränderung des eigentlichen Schöpfungszweckes ist. Doch sollten wir nicht übersehen, daß auch alte Bäume noch frische Blüten treiben können, obwohl der Stamm bereits rauh und rissig ist.

Alexander von Humboldt schrieb aus seiner Sicht: »Das Alter ist ein natürlicher, menschlicher Zustand, dem Gott seine eigenen Gefühle geschenkt hat, die ihre eigenen Freuden in sich tragen.«

Der letzte Lebensabschnitt braucht also keineswegs traurig, öde und leer zu sein. Gottes Geist kann uns gerade dann noch zum Segen für andere werden lassen.

Entscheidend ist in erster Linie unsere geistliche Einstellung und unsere geistige Regsamkeit. Es gibt zwei Möglichkeiten, entweder das Alter verklärt uns oder es versteinert uns.

»Alt werden steht in Gottes Gunst, jung bleiben – das ist Lebenskunst!«

Nichts kann einen schneller altern lassen als der immerwährende Gedanke an das Alter, das man nicht umgehen kann.

Wir sollten viel intensiver an den »Jüngsten Tag« denken, an welchem alles erneuert und verändert sein wird.

Auch Martin Luther äußerte sich zum Alter, indem er schrieb: »Wenn wir alt werden, so beginnen wir zu disputieren, wollen klug sein und sind doch die größten Narren.«

Darum war es des größten deutschen Lyrikers Heinrich Heine flehentlicher Wunsch: »Laßt mich nicht ein alter Polterer werden, der aus Neid die jüngeren Geister ankläfft, oder ein matter Jammermensch, der über die gute, alte Zeit beständig flennt.«

Heine litt im Alter an einer sehr schweren Krankheit. Aber gerade in der Zeit des Leidens fand er seinen Frieden und sein wahres Glück in Jesus Christus, seinem Erlöser. Sein Leiden vor dem Tode führte zur Errettung seiner Seele.

»Alt ist man, wenn man an der Vergangenheit mehr Freude hat als an der Zukunft.« König David klagte: »Meine Gestalt ist verfallen vor Trauern und ist alt geworden; denn ich werde allenthalben geängstigt« (Ps. 6, 8).

Wir werden nicht umsonst ständig dazu aufgefordert, unser Vertrauen auf Gott zu setzen, der uns im Alter durch seinen Geist mit Freude erquicken will, denn die Zukunft ist das Schönste für einen Christen, die vor ihm liegt. »Jugend und Zucht bringt im Alter reiche Frucht!«

Der Umgang mit Gott und seiner himmlischen Welt erhält innerlich jung und frisch. Darum: »Welche Freude, wenn es heißt: Alter, du bist alt an Jahren, blühend aber ist dein Geist!«

Wenn unsere körperlichen Kräfte nachlassen, wenn wir von den Gebrechen des Alterns schon gebeugt sind, schleicht sich oft noch der Teufel an uns heran, um uns mit seinen Einflüsterungen von Gottes Liebe und Gnade zu trennen. Er möchte uns glauben machen, daß so, wie unsere körperlichen Kräfte nachlassen, auch Gottes Interesse an uns schwinde! Angst, Schwermut und Resignation, ja sogar große Zweifel an Gottes Verheißungen will des Feindes Macht in uns hervorrufen. Doch Gottes feste Zusage bleibt bei uns bis an der Welt Ende: »Die auf den Hern harren, kriegen neue Kraft, daß sie auffahren mit Flügeln wie Adler, daß sie laufen und nicht matt werden, daß sie wandeln und nicht müde werden« (Jes. 40, 31). Er, unser Herr, kennt alle Anfechtungen, auch die im hohen Alter. Er erbarmt sich und nimmt sich der Schwachen und Ohnmächtigen an, daß sie neue Kraft bekommen und Glaubenszuversicht, die sie bis in die Ewigkeit hineinträgt. In körperlicher Schwäche und Hinfälligkeit können die Früchte des Heiligen Geistes in uns reifen. Der Apostel Paulus schildert uns den Zustand des alten Menschen: »Darum also verzagen wir nicht, sondern wenn auch unser äußerer Mensch aufgerieben wird, so wird doch der innere Mensch von Tag zu Tag erneuert. Jetzt haben wir Leiden und doch nur ›ein Stück Trübsal‹ von kurzer Dauer, aber das bringt uns in überreichem Maße eine ewige Fülle von Herrlichkeit ein. Nur dürfen wir unseren Blick nicht lenken auf das, was man vor Augen hat, sondern auf das, was man noch nicht sieht. Denn das Sichtbare ist zeitlich und vergänglich, das noch Unsichtbare ist ewig. Wir wissen doch: wenn dieses unser ›irdisches Haus‹, dieses vergängliche Zelt, abgebrochen wird, so haben wir eine Behausung, nicht von Menschenhänden gemacht, sondern von Gott erbaut, ein ewiges Haus in den Himmeln. Denn solange wir noch in diesem irdischen Zustand sind, gibt es mancherlei zu seufzen; aber dabei warten wir voller Sehnsucht darauf, mit unserer himmlischen Behausung ›überkleidet‹ zu werden, da wir ja nur dann, wenn wir sie angezogen haben, nicht nackt dazustehen brauchen. Denn solange wir in diesem Zelt wohnen, stöhnen wir oft und stehen leicht unter einem Druck. Wir möchten unser irdisches Kleid lieber gar nicht erst ausziehen, sondern gleich das himmlische darüberziehen, so daß auf diese Weise das Sterbliche in uns vom Leben geradezu verschlungen würde. Gott selbst aber ist es, der uns dafür zubereitet. Er gibt uns dazu den Geist als Angeld. Darum sind wir doch allezeit guten Mutes« (2. Kor. 4, 16 bis 5, 5 – Bruns).

Wenn die Hoffnung uns verläßt

Elisabeth, Königin von Rumänien, bekannt unter dem Namen Carmen Sylvia, schrieb in einem ihrer Gedichte: »Wenn die Hoffnung uns verläßt, geht sie, unser Grab zu graben.« –

Dem inneren Feind gelingt es nur zu oft, Menschen in stumpfe Hoffnungslosigkeit zu stürzen. Spurgeon, dem unvergleichlich großartigen und weltbekannten Prediger des 19. Jahrhunderts in England, begegnete einmal eine Frau, die im Sumpf der Hoffnungslosigkeit zu versinken drohte. Er besuchte sie daraufhin des öfteren, um ihr Mut zuzusprechen. Sie war davon überzeugt, bei Gott keine Gnade mehr zu haben. Bei einem von Spurgeons Besuchen kam nun folgendes Gespräch zustande:

»Warum geben Sie es denn nicht auf, in den Gottesdienst zu kommen?«

Sie antwortete: »Das könnte ich doch nie aufgeben; hier ist ja mein einziger Trost.«

Spurgeon erwiderte: »Wenn Sie aber kein Kind Gottes sind, dann würde ich doch, wenn ich an Ihrer Stelle wäre, nicht mehr beten.«

»Nicht mehr beten? Ich muß beten; ich kann nicht anders!«

»Aber«, fragte Spurgeon, »warum lesen Sie noch immer in der Bibel, wenn Sie doch keine Hoffnung haben, in den Himmel zu kommen?«

»Gottes Wort ist ja mein tägliches Brot!« war ihre Antwort.

Spurgeon fragte weiter: »Haben Sie denn wirklich keine Hoffnung auf Christum?«

»Nein«, entgegnete sie, »kein Fünkchen mehr.«

»Dann will ich Ihnen sagen, was ich zu tun gedenke. Ich will Ihnen für das, was Sie haben, eine Hundertpfundnote geben und Sie treten alles ab: den Glauben, das Gebet und das Wort Gottes.«

»Nein«, rief die Frau entsetzt, »auch für tausend Welten wollte ich das nicht aufgeben!«

Spurgeon lächelte und meinte: »Aber Sie törichte Frau, Sie sagten doch eben, daß Sie nichts hätten!«

Unter Tränen schluchzte sie: »Ich habe nichts; aber was ich habe, wollte ich für tausend Welten nicht verkaufen!«

Nach diesem Gespräch wurde diese geplagte Frau reichlich mit Licht und Trost vom Himmel gesegnet, sie kam aus dem Tal der Hoffnungslosigkeit heraus. Später einmal sprach sie mit großer Freude von den himmlischen Schätzen und der festen Zuversicht, das Paradies im Herzen zu tragen. Hinsichtlich ihres Anrechts auf das Himmelreich hatte sie keine Zweifel mehr.

In derselben Weise verdeutlicht uns der Apostel Paulus den Zustand eines Menschen nach der Freisprechung von seinen Sünden durch Christi Blut: »Nachdem wir nun also aufgrund unseres Vertrauens gerechtfertigt worden sind, haben wir Frieden mit Gott durch unsern Herrn Jesus Christus. Durch ihn haben wir auch freien Zugang zu der Gnade, in der wir jetzt stehen, und rühmen uns auch der Hoffnung auf die zukünftige Herrlichkeit Gottes. Ja, noch mehr, wir können uns sogar in unseren Trübsalen rühmen, weil wir die Gewißheit haben: Trübsal wirkt Geduld, Geduld führt zur Bewährung, Bewährung aber stärkt die Hoffnung. Und die Hoffnung läßt keinen zuschanden werden; denn die Liebe Gottes ist ausgeschüttet in unser Herz durch den Heiligen Geist; der uns gegeben worden ist« (Röm. 5, 1–5 – Bruns). Durch diesen Frieden mit Gott bekommt ein Nachfolger Jesu festen Grund unter seine Füße: Er lebt in tiefem Frieden durch die Vergebung aller Schuld und sieht sogar in den Trübsalen keine Strafe Gottes mehr, sondern erkennt darin die Zubereitung auf das himmlische Reich. Deshalb gibt Paulus den geistlichen Ratschlag: »Freuet euch in lebendiger Hoffnung; seid geduldig in aller Bedrängnis; übt euch im anhaltenden Gebet!« (Röm. 12, 12 – Bruns).

Von Alexander dem Großen wird berichtet, daß er ein brennendes Licht vor das Tor einer jeden Stadt oder Festung stellte, die er anzugreifen und einzunehmen sich vorgenommen hatte. Kapitulierte die Stadt oder Festung, bevor das Licht heruntergebrannt war, so verschonte er Menschen und Sachgüter. Erlosch jedoch das Licht, dann ließ er alle Einwohner ohne Erbarmen töten und ihre Habe vernichten.

Wie können wir dankbar sein, daß unser Meister Jesus Christus barmherziger und vor allem geduldiger ist mit uns, denn wo wären wir, wenn seine Gnade nur so lange ausreichte, wie ein kleines Licht zum Niederbrennen braucht? Viele sterben bereits in ihrer Jugendzeit, wieder andere werden 60, 70 oder sogar 80 Jahre und älter. Gott der Herr hatte mit allen Erbarmen, so lange Odem in ihnen war. Nur wenn das Lebenslicht erlischt und der Mensch trotz aller Geduld und Barmherzigkeit Gottes den Weg zur Herrlichkeit nicht gewählt hat, ist es zu spät.

Martin Luther schrieb: »Hoffnung aber ist ein starker Mut und ein neuer Wille.«

Auch Petrus, der während des peinlichen Verhörs im Hofe des Hohenpriesters vor den Mägden und Kriegsknechten seinen Herrn so schmählich verleugnet hatte, gründete später seine Zukunft allein auf die Hoffnung der Gnade Christi.

»Darum setzt eure Hoffnung völlig auf diese Gnade, die euch in der Offenbarung Jesu Christi nahegebracht wird« (1. Petr. 1, 13 – Bruns). Unser Trost und unser Heil liegen in der Gnade Gottes.

Du tröstest mich in meiner Angst

»Danket dem Herrn; denn er ist freundlich und seine Güte währet ewiglich. –
In der Angst rief ich den Herrn an, und der Herr erhörte mich und tröstete mich. Der Herr ist mit mir, darum fürchte ich mich nicht; was können mir Menschen tun? Der Herr ist mit mir, mir zu helfen. Es ist gut, auf den Herrn vertrauen und nicht sich verlassen auf Menschen« (Ps. 118, 1. 5–8).

Kann man von der Freundlichkeit und Güte des Herrn sprechen und gleichzeitig in Angst leben? Die Angst ist wie eine Krankheit, die sich über die Menschheit epidemieartig ausgebreitet hat. Viele haben Angst vor der Nacht, andere auch vor dem Tag. Viele fürchten sich verzweifelt vor dem Sterben, vor dem Tod, andere vor der Zukunft, die im Schleier verhüllt vor ihnen liegt. Wieder andere fürchten sich sogar vor dem Leben. Angst vor Einsamkeit, Angst vor der Sinnlosigkeit ihres Lebens, Angst vor möglichen Katastrophen und was es sonst noch für Ängste geben mag. Zu keiner Zeit lag den Menschen so viel an ihrer Sicherheit wie in unserem Jahrhundert. Man ist versichert gegen Hagel und Diebstahl, gegen Feuer, Unfall und Krankheit, für das Alter und den Tod, man nennt letzteres »Lebensversicherung«.

Der Mensch möchte sich absichern gegen alle nur möglichen Risiken! Er hat Sicherheitsschlösser erfunden, Sicherheitsgurte, Sicherheitsautomatiken. Jedes Streben nach Sicherheit ist schließlich aus dem Gefühl der Angst geboren. Darüber hinaus sind konkrete Ereignisse wie Krankheit, Verbrechen, wirtschaftliche Nöte, Kriege und Katastrophen aller Art der Anlaß zu gesteigerten Angstgefühlen. Hinzu kommt bei Menschen aller

Altersklassen und Geistesschichten noch das Gefühl einer »unbestimmten« Angst, die man häufig als Existenzangst bezeichnet. Über die Entstehung von solchen Ängsten können Ärzte und Psychologen nichts Übereinstimmendes sagen. Die einen sprechen von ererbten »Urängsten«, die anderen von undefinierbaren »Geburtserlebnissen«, die meisten jedoch sehen in jeder Angst bereits die vorweggenommene Todesangst. Der dänische Philosoph und Theologe Sören Kierkegaard erklärte: »Die Angst ist eine fremde Macht, die den Menschen aus dem Nichts anfällt.«

Zwischen den Begriffen Furcht und Angst kann man einen gewissen Unterschied erkennen. Furcht hat meist reale Gründe und ist zeitlich begrenzt. Angst dagegen nimmt den Menschen chronisch in Besitz. Sie kann zur Verzweiflung führen, sie kann in Resignation oder depressive Gleichgültigkeit ausarten, wodurch die Lebensenergien gelähmt werden und woraus sich organische Krankheiten zu entwickeln vermögen. Für uns ist es wichtig zu erkennen, daß die Angst oft der Preis des Menschen für die persönliche Freiheit seiner Entscheidung ist. Der Apostel Paulus schrieb an die Christengemeinde in Rom: »Trübsal und Angst über alle Seelen der Menschen, die da Böses tun« (Röm. 2, 9).

Bevor jemand Böses tut, hat er die Freiheit, sich für das Gebot Gottes oder gegen dieses zu entscheiden. Den Preis, den man für eine falsche Entscheidung zu zahlen hat, ist die Angst. Noch nie hat die vollbrachte Sünde einem Menschen Frieden und Vertrauen eingebracht.

Wie oft wäre es angebracht, mit jemandem über seine ihn quälende Not zu sprechen, denn mitgeteilte Angst verliert an Gewicht. Leider ist es oft schwer, einen Menschen zu finden, mit dem man über seine geheimsten Anliegen sprechen kann.

Können wir uns diesen Menschen nicht von Gott zeigen lassen, wenn wir einen solchen brauchen? Kein Mensch ist fähig, seine Angst zu beherrschen.

Mit Mut läßt sie sich lediglich für einige Zeit aus dem Bewußtsein verdrängen. Danach aber überfällt diese dunkle Macht den Menschen aufs Neue. Wir würden erschrecken, wenn wir erführen, wieviel Menschen unter Verfolgungsgedanken leiden. Sie fühlen sich beobachtet, belauscht, hintergangen, seelisch gefesselt und von unsichtbaren Mächten bedrängt. Ich meine damit nicht nur alleinstehende Menschen, auch verheiratete sind davon betroffen. Liegt diesem Leiden eine offensichtliche Sünde zugrunde, kann derjenige seine Freiheit nur erlangen, wenn er bereit ist, seine Sünde zu bekennen, zu hassen und zu lassen. Die Angst darf kein Dauerzustand in unserem Leben bleiben. Zwar sagt Jesus: »In der Welt habt ihr Angst; aber seid getrost, ich habe die Welt überwunden« (Joh. 16, 33). Doch Christus will uns durch seinen Geist zum Überwinden der Angst bringen, indem er uns klarmacht, daß er als Schöpfer und Meister, als Herrscher des Weltalls mit allen sichtbaren und unsichtbaren Mächten, die uns zu schädigen imstande wären, alle Möglichkeiten hat, Gefahren von uns abzuwenden.

Es gibt aber auch so viel selbstverschuldete Angst durch Lügen, Verleumdungen, Verächtlichmachung, Mißgunst, Eifersucht und Neid. Solche Ängste können durch Bekennen und eine erfolgte Sinneswandlung behoben werden. Auch alle Ängste sind von Jesus mit an das Fluchholz von Golgatha getragen worden. Wie groß mag wohl die Anzahl derer sein, die durch Depressionen, Schwermut und Verfolgungswahn in tiefer Nacht waren, die aber zum »Herrn riefen in ihrer Not, und er errettete sie aus ihren Ängsten und führte sie einen richtigen Weg« (Ps. 107, 6. 7)?

Ich möchte alle ermutigen, ihr Anliegen vor den Herrn zu bringen und den Sieg über jede Art von Angst im Glauben anzunehmen.

Die mit Tränen säen

Der Ablauf der Menschheitsgeschichte in dieser Welt zeigt uns nachdrücklich, daß die Worte Jesu die des größten Propheten sind, der je über diese Erde ging und geweissagt hat. Wir Bürger des 20. Jahrhunderts erfahren dies täglich: »Weil die Ungerechtigkeit überhand nehmen wird, wird die Liebe in vielen erkalten« (Matth. 24, 12).
Selbst die Weisheit eines Königs Salomo und seiner Hofgelehrten konnte die vielen negativen Entwicklungen und Zerwürfnisse des gesellschaftlichen wie persönlichen Lebens einzelner nicht beeinflussen und aufhalten.
Wir lesen zum Beispiel: »Weiter sah ich all die Bedrückungen, die unter der Sonne geschehen. Ich sah auch die Tränen der Unterdrückten, und daß keiner da ist, der sie tröstet. Die Bedrücker taten ihnen Unrecht und Gewalt an, aber niemand tröstete sie« (Pred. 4, 1 – Bruns).
Ist wirklich kein Trost vorhanden für die Unterdrückten?
Jesus Christus, als der Sohn Gottes, zeigt allen Menschen guten Willens den einzigen Weg zur Gerechtigkeit, die vor Gott gilt. Nach seiner Aussage wird denen Trost zuteil, die sich von ihm führen und regieren lassen, denn letzten Endes wird allein in der himmlischen Welt Frieden, Freude und absolute Gerechtigkeit herrschen. Darum sagt Jesus in seiner berühmten ›Bergpredigt‹:
»Selig sind, die um der Gerechtigkeit willen verfolgt werden; denn das Himmelreich ist ihr. Selig seid ihr, wenn euch die Menschen um meinetwillen schmähen und verfolgen und reden allerlei Übles wider euch, so sie daran lügen. Seid fröhlich und getrost; es wird euch im Himmel wohl belohnt werden« (Matth. 5, 10–12). Gottes Wort lehrt uns: »Die mit Tränen säen, werden mit Freuden ernten.« Sind hiermit nun alle Tränen gemeint,

die um der verschiedensten Anlässe willen vergossen worden sind und noch vergossen werden?

Ganz gewiß nicht!

Wie viele Tränen der Wut aufgrund von verletzter Eitelkeit! Wir kennen das geläufige Wort von den ›Krokodilstränen‹, die geweint werden, um Mitleid zu erheischen. Man behauptet, daß ein Krokodil weinen könne wie ein kleines Kind, um Mitleid zu erregen bei seinem auserwählten Opfer, dadurch würde dieses getäuscht und in die Falle gelockt.

»Du liebst mich nicht mehr . . .« ist eine gängige Redewendung, wenn man seinen Partner nicht zur Erfüllung seiner eigenen Wünsche überreden kann. Auch Simsons Frau bekam ihren Mann damit klein.

Wieviel Tränen des Selbstmitleids, der Eifersucht und auch boshaften Trotzes sind schon geweint worden? Tränen der Heuchelei, des trotzigen Eigensinns, der Täuschung und Falschheit. Diese Tränen meint der Psalmist nicht. Gott kennt unsere Motive. Er weiß, wann unser Herz wirklich verzweifelt ist und zerbrochen, ob wir über unser Versagen, unsere Sünden oder über die Not von Verwandten, Bekannten oder sogar über unsere Feinde weinen.

Die listige Taktik des Teufels besteht darin, den Menschen in Resignation, in Schwermut und völlige Verzweiflung zu drängen, daß er nicht mehr ein noch aus weiß.

Von dem bekannten Prediger Spurgeon wird folgendes berichtet:

In Amerika lebte ein Mann in einer an Verzweiflung grenzenden Schwermut. Er weinte viel und betete fast ohne Unterlaß, fand aber keinen Trost. Ein Prediger mit Namen Jakob Gruber besuchte ihn, sprach lange mit ihm und las ihm eine Anzahl von Bibelversen vor, die ganz auf seine Lage paßten. Dennoch konnte er ihn nicht davon überzeugen, daß diese Verheißungen auch für ihn gültig seien.

Er war davon überzeugt, daß seine Gnadenfrist abgelaufen und für ihn keine Hoffnung mehr vorhanden sei. Folgendes Zwiegespräch soll zwischen ihnen zustandegekommen sein:

»Was soll denn nun aus Ihnen werden?«

»Was kann denn anderes aus mir werden, ich werde verlorengehen und in die Hölle kommen.«

»Wenn Sie dort hinkommen, werden Sie wohl ganz allein darin sitzen müssen!«

»Wie meinen Sie das?« – »Genauso, wie ich es sage, denn wenn Sie weinend und betend in die Hölle kommen, dann werden alle Teufel davonlaufen. Ich habe nie gehört oder gelesen, daß jemand weinend und betend in die Hölle gekommen sei.«

Daraufhin erhellte ein Lächeln das verzagte Gesicht, so, als ob die strahlende Frühlingssonne durch düstere Winterwolken bricht. Verzweiflung und Schwermut verschwanden und die lebendige, freudige Hoffnung zog ein in sein Herz.

Der berühmte französische Grafiker, Maler und Bildhauer Gustave Doré, der viele Holzschnitte mit biblischen Themen geschaffen hat, vollendete 1883 in Paris sein großartiges Gemälde »DAS TRÄNENTAL«. »Es ist eine herrliche Illustration von der Kraft Jesu, der leidenden Menschheit zu helfen und sie zu heilen«, schreibt Spurgeon. »Es war des Künstlers letztes Gemälde. Als er starb, waren die Farben auf der Leinwand noch nicht ganz trocken, denn er hatte es erst drei Tage vor seinem Tod vollendet. Ich will versuchen, so gut ich kann, es zu beschreiben. Im Hintergrund befinden sich auf der einen Seite eines dunklen Tales unfruchtbare Felsmassive. Am Eingang ins Tal steht der Heiland in einem strahlenden Gewand. Er trägt auf seiner Schulter ein Kreuz, und seine Hand ist erhoben, so, als ob er gequälte Menschen einlädt, Heilung von ihm zu empfangen. Ihm am nächsten befinden sich die Ärmsten der Armen, die Verachteten und Verworfenen. In diesem ›Tal der Tränen‹ hat der Künstler jede nur denkbare Form des Leidens dargestellt, vom König angefangen bis hinab zum Bettler. Der König in seinen Prachtgewändern wendet sein müdes Gesicht dem Herrn Jesus zu. Ihm zur Seite steht der Gefangene in Ketten und Handschellen, seine Augen sind ebenfalls dem Heiland zugewandt, der die Gefangenen befreien kann. Eine reiche Mutter hält ihren toten Sohn auf ihrem Schoß und sucht Trost beim Herrn der Herrlichkeit.

An anderer Stelle liegt eine sterbende Mutter auf der Erde und hält ihren Säugling dem Heiland entgegen, als ob sie ihn seiner Fürsorge anbefehlen möchte. Bewohner aller Kontinente, Indianer, Chinesen, Farbige strekken ihre Arme dem göttlichen Tröster entgegen. Das dunkle Tal ist erfüllt von sehr vielen Schmerzgepeinigten und Leidenden. Sie haben alle ihr Gesicht dem Sohn Gottes zugewandt, um von ihm Trost und Heilung, ja Ruhe für ihre Seelen zu erhalten.

Der alte Feind, die verfluchte Schlange, die allen Schaden angerichtet hat, sieht man, wie sie sich, von dem Licht Christi und seinem Kreuz geblendet, wegzuschleichen sucht. Zur Rechten des Herrn Jesu befindet sich ein schmaler Weg, der zum ewigen Frühling, in das Paradies führt. Dorthin winkt der Herr alle verzweifelten, müden, nun aber begnadigten Sünder hin.«

Wer betend vor diesem Gemälde steht und im Geist den sieht, der für alle unsere Leiden, Krankheiten und Tränen gestorben ist, wird vor Freude jubeln, denn er weiß: »Gott wird abwischen alle Tränen von ihren Augen, und der Tod wird nicht mehr sein noch Leid noch Geschrei noch Schmerz wird mehr sein, denn das Erste ist vergangen.« –

»Siehe, ich mache alles neu!« (Offb. 21, 4–5).

Und ob jemand sündigt

Wer nie eine Schlacht verloren, hat nie einen Krieg kennengelernt. Christi Nachfolger stehen alle in der großen Auseinandersetzung von Licht und Finsternis, zwischen Gut und Böse; in einem Kampf also, der sich auf dem Schlachtfeld unseres Herzens abspielt.

»Sich selbst bekämpfen, ist der allerschwerste Krieg;
sich selbst besiegen, ist der allerschönste Sieg!«

Wie soll man kämpfen, wenn einem des Feindes List und Stärke nicht bekannt ist? Wer kann siegen, ohne die Geheimwaffen des Gegners zu erkennen? Die Jünger Jesu stehen in einem Geisteskampf, der sich je mehr zuspitzt, je mehr und entschlossener man dem Feind entgegentritt. Wie schwer der Kampf ist, wird uns durch den Apostel Paulus in anschaulichen Bildern dargestellt. Nur in der heiligen Allianz mit dem lebendigen Herrn werden wir gegen die Heere Satans, seiner Dämonenschar siegreich sein.
Wir lesen in dem Brief des Apostels Paulus an die Epheser:
»Endlich noch eins: werdet stark in der Gemeinschaft mit dem Herrn und in der Kraft seiner Stärke! Zieht die Vollrüstung Gottes an, damit ihr gegen die tückischen Überfälle des Teufels bestehen könnt! Denn das ist nicht der eigentliche Kampf, wenn wir mit unserem Fleisch und Blut zu tun haben, sondern wir haben zu kämpfen gegen die Übermächte und Gewalten, gegen die Herrscher der Finsternis und Geister der Bosheit in den Himmeln. Darum nehmt die volle Waffenrüstung Gottes, damit ihr am bösen Tage widerstehen und als Sieger das Feld behalten könnt!« (Eph. 6, 10–13 – Bruns). Es wird uns in diesen Ausführungen der totale Gei-

steskrieg mit Gottes Widersachern vor Augen gestellt, aber auch der göttliche Sieg mit seiner Waffenrüstung, die wir empfangen und anlegen sollen.

»Mit unsrer Macht ist nichts getan, wir sind gar bald verloren.« Schnell, oft zu schnell, lassen wir uns entmutigen und besiegen. Wenn uns der Feind dann überwältigt hat, so ist es sein nächstes Ziel, uns am Boden zu halten. Fallen ist schmerzlich! Aber liegenbleiben ist tödlich!

Deshalb versichert uns der Psalmist: »Der Herr richtet auf, die niedergeschlagen sind« (Ps. 146, 8).

Welch ein gnädiger Gott! Wie groß ist seine Treue und Barmherzigkeit! Johannes, der Jünger, der Jesus am besten verstand, schreibt in einem seiner Briefe: ». . . solches schreibe ich euch, daß ihr nicht sündigt. *Und ob jemand sündigt, so haben wir einen Fürsprecher bei dem Vater, Jesum Christum, der gerecht ist.* Und derselbe ist die Versöhnung für unsere Sünden, nicht allein aber für die unseren, sondern auch für die der ganzen Welt« (1. Joh. 2, 1–2).

Ein nicht mehr zu überbietendes Gnadenangebot des heiligen Gottes. Er, der unsere Sünde in Jesus Christus gekreuzigt und ausgetilgt hat, läßt seinen Sohn zum himmlischen Rechtsanwalt für alle Gestrauchelten werden. Über die Vergebung hinaus fügt Gott einen weiteren Trost hinzu bei Niederlagen im Wiederholungsfall: Jesus Christus als Fürsprecher im alltäglichen Leben!

Das Schlachtfeld des Geisteskrieges hinterläßt oft Verwundete und Schwerverletzte, die auf Hilfe angewiesen sind!

Wie schnell wurde ein verwerflicher Gedanke zur Tat, eine Lüge zur schmerzenden Wunde! Eine Verleumdung gleicht einem unsichtbaren Giftgas, das den Kampfplatz verseucht und verpestet. Gefährliche Verletzungen sind die Folge unseres zur Sünde gereizten Fleisches, wenn wir ihm nachgeben. Unzählige stöhnen unter den geheimen Schmerzen auf-

grund ihrer Niederlagen. Wer kennt die verborgenen Qualen und ungelösten Bindungen? Wer gibt diesen Menschen Hilfe und Trost?
Ein himmlischer Samariter befindet sich auf dem Verbandsplatz. Der Meister selbst ist am Wirken. Er lindert nicht nur die Schmerzen und verbindet die Wunden, sondern er heilt alles und stellt es wieder her, was wir verdorben haben mit unserem eigenen Willen und Handeln.
Der Apostel Paulus verwies auf seine eigene Untauglichkeit, bevor er die Überwinderkraft vom Herrn erhielt: »Denn ich weiß nicht, was ich tue. Denn ich tue nicht, was ich will; sondern was ich hasse, das tue ich« (Röm. 7, 15).
Sind wir nicht alle schon in dieser scheußlichen Lage gewesen? »Denn das Gute, das ich will, das tue ich nicht; sondern das Böse, das ich nicht will, das tue ich.« Es ist für manchen wie ein Spießrutenlaufen unter den schmerzvollen Schlägen des Feindes, ein Kesseltreiben ohne Ende.
»Ich elender Mensch! Wer wird mich erlösen von dem Leibe dieses Todes?« – Dann aber die erlösende Erkenntnis: »Ich danke Gott durch Jesum Christum, unsern Herrn.« Hier offenbarte sich Christus als der große Fürsprecher, als der Tröster und Erhalter, als der Retter aus allen Tiefen menschlichen Versuchtseins.
Gewinnen wir doch erneut Vertrauen zu unserem Herrn, der so gnädig ist, obwohl wir im Wiederholungsfall strafbar wurden.
»Denn er wird den Armen erretten, der da schreit, und den Elenden, der keinen Helfer hat. Er wird gnädig sein den Geringen und Armen, und den Seelen der Armen wird er helfen. Er wird ihre Seele aus dem Trug und Frevel erlösen, und ihr Blut wird teuer geachtet werden vor ihm« (Ps. 72, 12–14). Das ist nicht Menschenwort, sondern Gottes Verheißung für den, der wieder in die Fesseln des Feindes geraten ist. Der Herr bittet uns erneut, seine Versöhnung anzunehmen und dadurch selber vergebungsbereit anderen gegenüber zu werden.

»So dein Bruder an dir sündigt, so strafe ihn; und so es ihn reut, vergib ihm. Und wenn er siebenmal des Tages an dir sündigen würde und siebenmal des Tages wiederkäme zu dir und spräche: Es reut mich! so sollst du ihm vergeben« (Luk. 17, 3–4).

Der Meister hat nie etwas von seinen Jüngern gefordert, wozu er nicht selbst bereit war!

Wenn wir ein aufrichtiges, tiefes Verlangen zur Versöhnung in Reue haben, können wir jederzeit zu Gott kommen. Wie David erfahren auch wir herzliches Erbarmen.

»O Gott, sei mir gnädig nach deiner Güte, lösche aus meinen Frevel nach der Fülle deines Erbarmens! Wasche mich völlig rein von meiner Schuld und reinige mich von meinem Fehltritt. Denn ich erkenne mein Vergehen wohl, immer steht mir meine Sünde vor der Seele. Gegen dich allein habe ich gesündigt; was deinen Augen mißfällt, habe ich getan. Dadurch kommt ans Licht, daß du recht behältst mit deinem Urteil, daß du rein dastehst mit deinem Gericht. Siehe, ich bin in Schuld geboren, in Sünde hat mich meine Mutter empfangen. Siehe, du aber hast in deinem Herzen Freude an der Wahrheit, laß auch mich im Innersten deine Weisheit erkennen! Entsündige mich mit Ysop, damit ich rein werde; wasche mich, damit ich weißer werde als Schnee! Laß mich wieder Freude und Wonne spüren, damit meine zerschlagenen Glieder wieder frohlocken! Verhülle dein Angesicht vor meiner Sünde, lösche alle meine Frevel aus! O Gott, schaffe mir ein gereinigtes Herz, gib du mir in meinem Innern einen neuen, gefestigten Geist! Verstoße mich nicht vor deinem Angesicht, nimm deinen Heiligen Geist nicht von mir! Erfreue mich wieder mit deinem Heil! Mache mich stark, willig und gehorsam durch deinen Geist!« (Ps. 51, 2-14 – Bruns).

Vom Tode errettet

»Aber ich will sie erlösen aus der Hölle und vom Tod erretten. Tod, ich will dir ein Gift sein; Hölle, ich will dir eine Pestilenz sein« (Hos. 13, 14).

Der Tod fordert alle Menschen zu einer Stellungnahme heraus. Er ist das gewisseste und für alle Ewigkeit entscheidendste Ereignis, das jedem Menschen ohne Ausnahme begegnet. Es ist ein Irrtum zu meinen, daß alle Christen durch einen sanften Tod in die Ewigkeit eingehen. Gott sei Dank können wir aber auch von der Tatsache berichten, daß es viele Christen gegeben hat, die vom Licht der Herrlichkeit Gottes umstrahlt waren, ehe sie hinüberwechselten. Andererseits müssen jedoch auch gereifte und bewährte Kinder Gottes manchmal noch einen bitteren Kampf durchstehen, ehe sie durch die Pforte des Todes gehen.

Der Mensch vermeidet es, über den Tod zu sprechen oder gar an den eigenen zu denken. Über den Dichterfürsten Goethe wird uns berichtet, daß er nicht gern auf einen Friedhof ging. An Tagen von Beerdigungen nahestehender Verwandter oder Bekannter verkroch er sich in seinem Bett unter dem Vorwand, krank zu sein, denn er wollte nicht Augenzeuge werden, wenn der Sarg mit der sterblichen Hülle in die Erde gesenkt wurde. »Der Tod ist ein allgemeines Übel«, so schrieb er, und sein Freund Schiller meinte zu diesem Thema: »Weil der Tod allgemein ist, kann er nicht grausam sein.«

Jean Cocteau, von dem bekannt ist, daß er einen fürchterlichen und qualvollen Todeskampf durchleiden mußte, schrieb über den Tod: »Ich hätte gar manches noch zu diesem Thema zu sagen und wundere mich nur, daß so viele Leute es sich über das Maß zu Herzen nehmen, denn schließlich wohnt der Tod ja beständig in uns, und so sollte man sich mit ihm abfinden. Weshalb denn dieses Heulen und Zähneklappern gegenüber einer Person, mit der man zusammenlebt, und die unserem Wesen aufs innigste verbunden ist?«

Wirklich? Ist der Tod eine Person, die mit unserem Wesen aufs innigste verbunden ist? Nein! Niemals! Der Tod ist der radikalste und anormalste Eingriff in die Lebenserwartung des Menschen, der normalerweise nie sterben möchte. Da man sich mit seiner Realität nicht anfreunden und abfinden kann, versucht man, ihn zu verharmlosen. In einem von Franz Schubert vertonten Gedicht heißt es, daß der »alte, getreue Gevatter Hein«, auf Gemälden als Knochenmann dargestellt, einem jungen Mädchen besänftigend zuflüstert: »Gib deine Hand, ich bin nicht wild, sollst sanft in meinen Armen schlafen.« So soll der grausame Tod in das gnädige und barmherzige Gewand eines Erlösers gekleidet werden. Ein idealistischer Trugschluß in bezug auf die unausweichliche Tatsache, die Gottes Wort uns lehrt: »Der Tod ist der Sünde Sold!«

Die Bibel bescheinigt uns die einzige Wahrheit, wenn sie den Tod »den letzten Feind« nennt. Alle Schönfärbereien und Verharmlosungsversuche entfallen, wenn man längere Zeit an einem Sterbebett gestanden hat. Die Todesangst hat ihren Ursprung in der Sünde. Wollen wir also zu einem seligen Sterben kommen, muß erst der Schatten, der durch die begangenen Sünden auf unserem Gewissen lagert, beseitigt werden. Wo dies der Fall ist, wird das Sterben dann gleichzeitig zu einem Sieg. Die Hölle hat ihr Anrecht auf unsere Seele verloren, und wir können mit Paulus jubilieren: »Der Tod ist aufgelöst in einen Sieg. Tod, wo ist dein Sieg? Tod, wo ist dein Stachel? Der Stachel des Todes ist die Sünde. Die Kraft aber der Sünde wird wachgerufen durch das Gesetz. Gott aber sei gedankt, der uns den Sieg gibt durch unsern Herrn Jesus Christus!« (1. Kor. 15, 55–57 – Bruns).

Samuel Keller hat in einem Aufsatz sich mit der Todesangst auseinandergesetzt: »Der Tod wirkt in uns allen die Empfindung, daß Sterben furchtbar und schrecklich sei. Alle Kreatur fürchtet sich vor ihm. Ich habe freilich Grund anzunehmen, daß viele Menschen da auf falschem Wege sind. Die Wissenschaft hat ja schon längst bewiesen, daß der eigene Todesvorgang ganz schmerzlos ist. Vorher kann man durch Krankheit noch viele Schmerzen ausgehalten haben – der Tod selbst aber als biologischer Prozeß ist schmerzlos. – Naturforscher belehren uns, daß ein Tier, wenn es über eine gewisse Altersgrenze hinaus ist, einfach den Tod wie einen glatten Naturvorgang über sich ergehen läßt, mag es auch zuerst sich noch so sehr gegen das Sterben aufgebäumt haben. Die so schwer sterbenden Adler, die gewaltigen Raubtiere im zoologischen Garten hat man beobachtet. Es ist verwunderlich, wie still das Tier stirbt, wenn eine gewisse Grenze vor dem Eintreten des Todes überschritten ist.
Warum hat denn der Mensch diese Angst? Nun, das steht auf einem anderen Blatt geschrieben. Nicht in dem animalischen Bewußtsein, nicht in den Nerven und Empfindungen beruht die Todesangst, sondern im *Gewissen.* Die Bibel sagt: ›Der Stachel des Todes ist die Sünde‹ (1. Kor. 15, 56).
Unsere Taten stehen in der Todesstunde vor uns auf und ziehen uns vor Gottes Gericht. – Alle Sünde ist ja Gotteshaß, darum ist auch der Tod das Gottesurteil über unsere Gottesferne. Es ist kein Wunder, daß mancher ›glatt‹ stirbt, er hat sein Gewissen vorher schon totgeschlagen. Es reagiert nicht mehr, obwohl es doch nur sehr, sehr wenige sind, die ganz steinern und gefühllos dem Tod ins Auge sehen. Je näher die Stunde kommt, um so schwächer wird der Mensch, um so stiller wird die Lippe, die vorher noch so freche Sprüchlein wußte. Aber freilich gibt es ein ganz stumpfes Sterben, wo sich nichts mehr im Gewissen rührt.«
Mathilda Wrede, bekannt unter dem wunderschönen Beinamen »Engel

der Gefangenen«, starb unter dem Lichterglanz zur Weihnachtszeit im völligen Frieden durch Jesu Gnade.

Auch ihre Mutter war an einem Weihnachtstag gestorben, nämlich 1864, also im Geburtsjahr Mathildas. Als Mathilda 18 Jahre alt wurde, bekehrte sie sich zu ihrem Heiland. Das Wort: »Also hat Gott die Welt geliebt, daß er seinen eingeborenen Sohn gab, auf daß alle, die an ihn glauben, nicht verloren werden, sondern das ewige Leben haben« (Joh. 3, 16), bewirkte die Wiedergeburt in ihrem Herzen. Vom Heiligen Geist erfüllt, erkannte sie ihren Auftrag darin, den gemarterten, gequälten Gefangenen in Zuchthäusern und Kerkern das Evangelium mitzuteilen.

Zu Lebzeiten war ihr Name bereits eine Legende, ihre erschütternden Erlebnisse hinter Kerkermauern klingen wie aus einem fernen Märchen. Unermüdlich wirkte diese körperlich schwache Magd Gottes, bis auch zu ihr die Stunde des Hinüberscheidens von der diesseitigen in die jenseitige Welt kam. Es war Weihnachtszeit, und wieder leuchteten die Kerzen weit und breit. Mathildas Leib aber war schon zu geschwächt, um aufs Land zu ihren Geschwistern zu reisen, wie sie es vorgehabt hatte. Das Nachlassen ihrer physischen Kräfte beunruhigte sie nicht, sondern sie bekannte: »Gerade das, was uns nötig ist, damit der Ewigkeitsmensch in uns Nahrung erhält, gibt uns unser Vater. Deshalb können wir ganz ruhig und stille sein.« Ein schmerzhafte Krankheit zog sich über mehrere Monate hin. Aber gerade in dieser Zeit wurde ihr Herz durch geistliche Erfahrungen überaus reich beschenkt und erfüllt. Deshalb empfand sie selbst bei großer körperlicher Not für ihre Seele gar keine Not. Einst sagte sie: »Es ist sehr merkwürdig, aber ich bin auch mit meinen Schmerzen zufrieden. Ich weiß zwar nicht, warum sie so groß sein müssen, aber da mein Vater sie mir schickt, ist es gut so. Und wenn auf diese Weise das vollendet werden soll, was mir an dem Frieden Christi noch fehlt, dann sind es gesegnete Schmerzen.«

Über die letzte Zeit ihres Erdenlebens kann man in der Biographie von Maria Sick nachlesen:

»Dann in einer Nacht, einer der schwersten der vielen schweren Nächte, begann ihr Antlitz plötzlich wie verklärt zu leuchten. Sie wurde furchtbar blaß und lag unbeweglich, wie lauschend da. Endlich sagte sie mit vor Bewegung bebender Stimme: ›Ich hörte unaussprechliche Worte, die niemand nachsagen kann. Ach, daß ich das habe erleben dürfen.‹

Als Weihnachten herankam, sagte sie mit Bestimmtheit: ›Ich fühle, daß ich den Christtag in den ewigen Welten feiern werde. Dort wartet viel Arbeit auf mich, aber es würde mir auch gar nicht so recht gefallen, wenn Gott mich im Himmel in einen Winkel stellen würde und ich da Harfe spielen sollte.‹ (Mathilda war nicht besonders musikalisch und spielte kein Instrument.)

Dann schaut ihr Blick wieder sehr ernst wie in weite Fernen, und sie fügt hinzu: ›Man kann sich gar nicht vorstellen, wie es an der Grenze des Lebens ist, bis man selbst davorsteht. So wunderbar und gewaltig ist es. Und siehst du, ich habe auch so merkwürdige Augen bekommen. Ich sehe von der anderen Seite her Licht entgegenstrahlen, und ich erschaue weite, weite Gefilde – weite Gefilde und viel, viel Licht.‹

›Kommt das Licht näher?‹ fragt die Freundin, die neben ihr sitzt.

Sie lächelt ihr strahlendstes Lächeln und antwortet: ›Nein, denn es ist da!‹

Am Heiligen Abend bewegt sich ununterbrochen ein Strom von Menschen nach Mathildas Krankenzimmer. Keiner darf abgewehrt werden, denn ›Gott hat sie alle geschickt.‹ Schon morgens hatte sie gesagt, daß der heutige Tag ihr letzter auf Erden sein werde. Immer mehr Besucher stellten sich ein, Blumen wurden geschickt. Mathilda betrachtet jeden einzelnen Blumengruß und will all die Grüße hören.

›Weißt du, ich bin eigentlich ganz neidisch auf dich, weil dir all dies

Schöne gehört, wenn ich fortgegangen bin‹, sagt sie lächelnd zu der Freundin, die an ihrem Bett sitzt. ›Ich habe nur Angst, daß ich meinen Vater zu sehr in Anspruch nehme, wenn ich ins Jenseits hinübergekommen bin, denn ich habe viele, liebe Menschen hier auf Erden, die zu segnen ich ihn bitten muß, und ich will auch über dich mit ihm reden.‹

Spät am Abend meldet sich noch ein Besuch an. Aber da ist ihre Kraft erschöpft. Sie bittet, dem Besuch zu sagen: ›Ich bin eben im Begriff, fortzugehen. Ich kann nicht mehr.‹

Sie spricht mit einer solchen Sicherheit von ihrem Heimgang, daß die, die ihr am nächsten stehen, es gar nicht begreifen können, daß sie unmittelbar davorstehe, aus der Zeit in die Ewigkeit hinüberzugehen.

›Gedenke, daß ich ewig leben werde – ich, die alte Mathilda Wrede, leben in Ewigkeit!‹, sagt sie fast jubelnd zu ihrer Freundin. Aber jetzt ist es mit Mathildas Kraft zu Ende. Sie ist furchtbar müde, und die Atemnot nimmt immer mehr zu. Aber ›in all ihrer Not ist keine wirkliche Not‹, denn der Engel Gottes ist ihr nahe. Sie bekommt eine beruhigende Arznei und schläft jetzt ein.

In der Nacht streckt sie ihrer Freundin die Arme entgegen und sagt mit jubelnder Stimme: ›Glaubst du, daß es auf der Welt noch einen so glücklichen Menschen wie mich gibt? Glaubst du, daß das Leben eines anderen Menschen so reich ist wie das meinige? Und weißt du, jetzt hat Gott mir einen neuen Auftrag zuerteilt, ist das nicht wunderbar? Glaubst du, daß irgend jemand so glücklich ist wie ich?‹

Die Freundin antwortet: ›Nein, ich glaube nicht, daß es hier auf Erden einen glücklicheren Menschen gibt.‹

Dann löscht Mathilda selbst die Lampe, und – sie zündet sie nicht mehr an.

Als die Kirchenglocken am Christfest zum Gebet rufen, entschläft sie so ruhig, daß niemand weiß, wann der Geist entflohen ist. Es ist wieder Weihnachten, genau wie es Weihnachten war, als ihre Mutter starb.«

Der Tod hat für den Menschen, der sich Jesus völlig anvertraut, seine vernichtende Macht verloren. Christen können, leiblich gesehen, einen schweren Todeskampf haben, dennoch können sie der Lebens- und Todesangst das Durchschlagendste entgegensetzen, denn Christus wohnt in ihnen, die innere Verwandlung hin zur glorreichen Auferstehung hat in ihnen bereits begonnen. Für sie gilt:

»Wenn mir gleich Leib und Seele verschmachten, so bist du doch, Gott, allezeit meines Herzens Trost und mein Heil.«

Schwing dich auf zu deinem Gott,
du betrübte Seele!
Warum liegst du Gott zum Spott
in der Schwermutshöhle?
Merkst du nicht des Satans List?
Er will durch sein Kämpfen
deinen Trost, den Jesus Christ
dir erworben, dämpfen.

Paul Gerhardt

Inhalt